सृजन

अंतरीश मिश्र

क्रम-सूची

प्रस्तावना

मनुष्य के जीवन में अनेक उतार-चढ़ाव आते हैं, ऐसे ही एक महान व्यक्तित्व पं श्री रामलखन मिश्र के सन्दर्भ में मेरी लेखनी बयां करने जा रही है ।

ग्राम चंदपुर के निवासी और मात्र प्राथमिक शिक्षा अर्जित करने वाले पंडित जी का स्वभाव अत्यंत सरल और दयालु था।

अत्यंत संगीत प्रेमी और भगवान श्याम-सुन्दर को अपना इष्ट देव मानते थे। जिस समय मुझे उनका सानिध्य प्राप्त हुआ उस समय उनका जीवन राजनैतिक सफर से गुजर रहा था साथ ही छोटी-मोटी कविताएं भी किया करते थे।

भगवान श्री कृष्ण की महान कृपा से उनके जीवन में अचानक अप्रत्याशित परिवर्तन आया, उनके मुखारविंद से परमानन्द श्री सच्चिदानन्द प्रभु के नाम की रसधार प्रवाहित होने लगी जो भजन, गजल, कविता, शेर, राष्ट्रगीत कौवाली, सुदामा चरित्र, सती अनुसुइया महात्म्य आदि-आदि रूपों में निकल कर सामने आईं ।

"दया के धाम हैं वो मुझे न भुलायेंगे,
कमी घनश्याम मेरी बिगड़ी बनायेंगे । "

यह एक बहुत ही मनोहर छंद है जो उन्ही के मुखारविंद से निकलकर कलम के माध्यम से पन्नों पर अंकित हुआ।

उन्होने अपनी कविताओं में अपने आत्मिक भाव को शब्दों की वर्णमाला से पिरोते हुये भगवान से अनुनय - विनय किया है।

श्रद्धेय मिश्रा जी की जीवन शैली एवं संगीत से मैं (भूरेलाल सिंह। संदोह), श्री राजकुमार सिंह सोलंकी - पनासी एवं रामनरेश

केवट -संदोह (ढोलक वादन में निपुण) विशेष रूप से जुड़े रहे।

महान वही होता है जो राष्ट्र एवं समाज के लिये कुछ कार्य करे, अपनी रचनाओं के माध्यम से जीवात्मा को ईश्वर से जोड़ने का मार्ग प्रसस्थ करते हुए हमारे गुरुवर सदैव प्रेरणात्मक बने रहे।

उनके सानिध्य से जो कुछ मुझे मिला वह उनके चरण कमलों में वन्दन करते हुये मैंने लिखा-

"गुरु मम जीवन सफल बनाया,

धन्य भाग्य हरि शरण में लाया।

गायन वादन औ कछु लेखन,

सब कुछ मैं आपहि से पाया ॥गुरु०॥

कितने सरल दयामय गुरु जी,

मुरलीधर को नाम बताया।

अन्तिम अभिलाषा बी ० एल० की,

बनी रहे मिश्रा की छाया ॥गुरु०॥"

अपने व्यक्तित्व के इतनी ऊंचाइयों तक पहुंचाने वाले श्रद्धेय मिश्रा जी आज हमारे बीच नहीं हैं परन्तु अपनी पहचान को अपनी कविताओं में छोड़ते हुये अपने जिन्दगी के अन्तिम सफर में श्री श्यामसुन्दर का चित्र सामने रख कर उन्ही प्रभु के चरणों में अपने-आप को समर्पित कर दिया।

शेर ० -

"सौगन्ध उनके चरणों की,

यह झूठ नहीं सच्चाई है।

प्रस्तावना

उन जीवन में जो घटित हुआ,
लेखनी वही दर्साई है ॥इति०॥"

भूरेलाल सिंह (गीतकार)

भूमिका

भारतवर्ष हमेशा से ही महान रचनाकारों और सृजनात्मक विचार के धनी व्यक्तित्व वाले विद्वानो का राष्ट्र रहा है । मैंने भी ऐसे ही कवियों, कहानीकारों और उपन्यासकारों को पढ़ा, सुना और कुछ विभूतियों से मिलकर सीखने का भी अवसर मिला । परंतु सबसे अधिक श्रेय मेरे पिता श्री पं प्रयागदत्त जी को जाता है, जिनने शिक्षा संस्थानो की अनुपलब्धता मे भी हमे ज्ञान - विज्ञान से वंचित नही रखा ।

कविता (कवित्त) रचना करना और उसे स्वरबद्ध वाचन करने की शिक्षा मुझे मेरे पिता से ही प्राप्त हुई । चौदह वर्ष की आयु मे माँ का स्वर्गवास हो जाने के कारण पिता के संरक्षण मे ही जीवन बीता । पिता जी कृष्ण भक्त थे , भक्तिपूर्ण रचनाओं और गायन की प्रेरणा उनसे ही मिली ।

रीवा रियासत के त्योंथर जनपद के अंतर्गत चन्दपुर गाँव मे ही मेरा जन्म हुआ और प्राथमिक शिक्षा प्राप्त हुई । कक्षा आठवीं तक की पढ़ाई के बाद ब्राह्मण धर्म के अनुरूप यजमानो के साथ भगवत सेवा मे रत हो गया ।

समय के साथ किसी यजमान के साथ प्रयागराज (संगम) जाना हुआ, जहाँ कुछ विद्वत आचार्य और उनके शिष्यों से भेंट हुई । उम्र के प्रभाव मे किसी एक शिष्य ने मुझे केवल आजीविका चलाने वाला (यद्यपि उसका मानना उस समय तक सही भी था) ब्राह्मण समझकर मेरा परिचय संस्कृत भाषा मे बताने का आग्रह किया ।

संस्कृत भाषा का उचित ज्ञान ना होने के कारण मैं उत्तर देने मे अक्षम रहा, परंतु मैंने अनुरोध किया कि मैं हिन्दी साहित्य मे

उत्तर दे सकता हूँ , अगर शीर्ष आचार्य की अनुमति हो ?

जिज्ञासु आचार्य ने सहमति मे सिर हिलाया और मुझे परिचय देने को कहा । माँ भगवती और हरिनाम का स्मरण कर मैने परिचय आरंभ किया ..

"रीवा के उत्तर छब्बीस कोष रीवा भूमि,
प्रयाग के दक्षिण ये बीसक प्रमाण है ।
चित्रकूट चिंताहरण पश्चिम पच्चीस कोष,
पूरब तीस कोष विंध्यवासिनी स्थान है ।
कहें लखन लाल कवि काशी इक्यासी कोष ,
द्वरावतीवासी को ना पूजत बखान है ।
जेके देवथान आस पास कीन्हो स्थान ,
तो थाना जनेह मेरो चन्दपुर निजग्राम है ।
मुख्य एक वस्तु की चिन्हारी ग्राम चारो कोन,
वाशुदेव वृक्ष बड़े कल मे प्रधान हैं ।
पश्चिम दिशा मे एक सड़क अनूप बनी,
पूरब दिशा मे एक नदी जलधार है ।
उत्तर दिश मढ़ी माँ दुर्गा विराजती,
दक्षिण दिशा मे एक बाग गुलज़ार है ।
ब्राह्मण की बस्ती और गैरवैर्ण थोर बसे,
भाषत हैं लखन लाल सोई मम ग्राम है ।
ग्राम कोंण इशान मे है मम गृह स्थान ,
सन्मुख द्वारे वृक्ष हैं वाशुदेव बलवान।
ग्राम चन्दपुर पोस्ट चन्दपुर ज़्यादा क्या बतलाउँ,
ब्राह्मण मिश्र कौन नाम मै रामलखन कहलाउँ ।"

साधारण वेश मे होकर इतनी शब्दबद्ध रचना सुनकर आचार्य बहुत प्रसन्न हुए । उन्होने अपने शिष्य की ओर देखकर कहा -" यह आवश्यक नही की साधारण वेश- भूषा वाले मनुष्य की प्रतिभा भी साधारण हो "

आचार्य ने यह कहकर मेरे अंदर एक अलग जोश भर दिया था और मैं स्वयं चकित था की यह रचना कोई पूर्व नियोजित भी नही थी, बस शब्द आते गये और शब्द - श्रृंखला ने कविता का रूप ले लिया ।

किंचित यह गोकुल नंदन का उन आचार्य के माध्यम से मेरे लिए कविताएँ करने का एक संदेश था।

वह एक क्षण था जब स्नातक विद्वानों के समक्ष मेरी रचना को लोकप्रियता प्राप्त हुई। अपितु ये एक मात्र ऐसा अवसर नहीं था, इससे पहले भी जिला किसान सम्म्लेन (जिसका आयोजन मेरे जनपद केंद्र त्योंथर में हुआ था) में तत्कालीन जिलाधीश की अध्यक्षता में मुझे और मेरी रचनाओं को सराहनीय प्रतिकिया प्राप्त हुई थी। जैसे - जैसे समय व्यतीत होता गया मैंने कुछ न कुछ कृतियां अपने साथियों और यजमानों को भेंट करता रहा। उसमे कुछ हास्य - विनोद तो कुछ व्यक्ति विशेष की ठिठोली में भी हुआ करती थी। परन्तु मेरी समस्त रचनाओं में भक्ति भाव से भरी ग़ज़लें और कवितायें सर्वाधिक लोकप्रिय हुईं, जिन्हे इस पुस्तक के माध्यम से एक बार फिर अपने शुभेक्षुओं और गीत प्रेमियों को अर्पित करने का प्रयत्न किया है।

विनीत :-रामलखन मिश्र (1930-2006)

1. प्रार्थना

दोहा -

"कमला पति बार हवपु , वामन औ श्री राम।
कच्छ मच्छ सूकर फरसु, राधापति घनश्याम॥"

चौ o -

राधापति घनश्याम जनो के, संकट कृष्ण हरैया ।
व्याध कलंकी भक्त हेतु प्रभु, नरहर रूप धरैया ॥
महिमा को कहि सकै तुम्हारो, कौन करै कवितैया।
विप्र सुदामा की पति राखौ, कहकर भइया-भइया ॥

सुन लो कृष्ण कन्हैया , मिश्रा की अब दोहईया ।
रास नहीं आता अब जीवन, ना थोथी किशलैया॥
हे यसुदा के लाल सुनो, न तुम बिन और खिवैया।
भव सागर से पार लगा दो अबकी मोरी नैया ॥

ब० त० -

प्रेमियों सज्जनो बन्धुओं मित्रवर,
अर्ज कर ज़ोर अपनी सुनाता हुँ मै ।
ग़लतियाँ जो पड़े माफ़ करना ज़रा,
अब तो घनश्याम से लौ लगाता हुँ मै ॥

व्यापे चर औ अचर सारे संसार मे,
लाख दीनो की बिगड़ी बनाते हैं जो ।
भूल जाएंगे मिश्रा को क्यों कर कभी,
  जो गर दीनबन्धु कहाते हैं वो॥

2. दयासिंधु

एक हिरणी किसी जंगल मे रहा करती थी ,
हमेशा घास से वो अपना बसर करती थी।
अचानक एक दिन एक दुष्ट ने आकर घेरा,
हिरणी ये समझ गई हरि बिना है कौन मेरा।
बधिक मारकर नाथ हरिणी बचाई ,
दयासिंधु दीनों की करते भलाई ॥

❧❧❧

इन्द्र के कोप की सुनिए ज़रा कहानी है,
वर्षा मूसल-धार और सात दिना पानी है।
छाई घनघोर घटा दिन मे हुआ अंधेरा है,
हँसके घनश्याम कहें अब तो काम मेरा है।
उठायो गोवर्धन न देरी लगाई ,
दयासिंधु दीनों की करते भलाई।

❧❧❧

व्याध मिरगा समझ प्रभु को बाण मारा है,
देख भगवान को भय खा गया बेचारा है।
पड़ा चरणों मे आ रोने लगा दुखारी है,

क्षमा अपराध उसका कर दिया मुरारी है।
दिया धाम उसको जो मुनियों ने पाई,
दयासिंधु दीनों की करते भलाई ॥

काम दीनो के सदा आप बनाते रहे,
भीर भक्तों की सदा आप हटाते रहे।
दसा द्विज दीन सुदामा की जो सुधारी है,
अजामिल गीध औ गणिका निषाद तारी है।
विचारेंगे मिश्रा की क्यों कर बुराई,
दयासिंधु दीनों की करते भलाई।।

3. मेरी तुमसे नज़रिया

"यशुदा के लाल कहाँ बागि रहे ।
मेरी तुमसे नज़रिया लागि रहे ॥"

एक किस्सा सुनो द्वापर का सज्जनो करके गौर,
मथुरा मे जन्म लिए भगवान जिस बतौर।
कंस ने देवकी को क़ैद मे डाला,
यह जान मेरा काल देवकी के गर्भ का लाला।
कारागार मे बेबस वो दोनो दिखयारी,
दिवस नित याद कर रहे भक्तन भयहारी।

कहाँ प्रहलाद की बिगड़ी बनाने वाले,
दुष्ट को मार निजधाम पठाने वाले।
कहाँ भक्तों के प्रभु मान बढ़ाने वाले,
ग्राह से नीर मे गजराज छुड़ाने वाले।

दया की एक नज़र मेरी तरफ घूमाओ तो,
पड़े आँख मे पर्दे तनिक उन्हे उठाओ तो,
बस हरदम यही इक राग रहे,
मेरी तुमसे नज़रिया लागि रहे

आठवें गर्भ मे भगवान देखो आते हैं,
पितु-मातु के संताप को हटाते हैं ।
बोला कंस की पैदा जो लाल हो जाए,
देर करना नही मुझे खबर हो जाए।

❧❧❧

आए घनश्याम देवों को अति खुशी छाई,
भय भाग रहा दुष्ट की सज़ा है जो आई।
विलंब करो नही अब गोकुल हम जाएँगे,
नींद के बाण से पहेरूदार भी सो जाएँगे।
सब सोए न कोई अब जागि रहे,
मेरी तुमसे नज़रिया लागि रहे।

❧❧❧

लेके बसुदेव सुत गोकुल को सिधारे हैं,
छाई घनघोर घटा जमुना किनारे है।
वक्त निरखि जमुना ने अनुमान किया,
हृदय मे ढूँढ भगवान को पहचान लिया।
प्रभु ने यह दृश्य देख चरण को बढ़ाय दिया,
लेके बसुदेव सुत गोकुल तुरत पहुँचाय दिया।
गोकुल मे रहने वालो की ये बात सुनो,
कंस चाणूर मूष्ठ पूतना की घात सुनो।

❧❧❧

दुष्टों को मार यमलोक को पठाए हैं,
पितु-मातु के सब बन्ध को छुड़ाए हैं।

सुर नर मुनि सब नंदलाल को मानाते हैं,
दीन दुखियारी सब इच्छित वर पाते हैं।
अब लखनलाल बस यही माँगि रहे,
मेरी तुमसे नज़रिया लागि रहे।

4. मै भी तो घनश्याम

मै भी तो घनश्याम से, इतना बताकर जाएंगे,
पापियों मे नाम अपना, हम लिखा के जाएंगे।
हमने ग्रंथों से सुना, अधमो से उनको प्यार है,
कौन मुझसे बढ़के पापी, ये बताकर जाएंगे।
दीन दुखियों मे कभी मै भी किसी से कम नही,
द्विज सुदामा गीध की तहरीर देकर जाएंगे।

❦❦❦

सब बताए हैं कथा , जिनको उधारा जिस तरह,
गर तरेंगे हम नही तो, क्या बताकर जाएंगे।
हैं पतित पावन वो अगर, मिश्रा अपावन ही रहे,
फ़ैसला सरकार से , अपना कराकर जाएंगे॥

5. सती अनुसूइया

"धाम चित्रकूट से भी चार कोस दूर है,
सती अनुसूइया जिनका नाम मसहूर है ॥"

शेर० -

अत्रि मुनिराज की पत्नी भी सब मे मानी थी,
पतिव्रत धर्म की शक्ति थी वो भवानी थी।
ज़रा सब गौर से सुनिएगा इस कहानी को,
नही संसार मे पति भक्त उसके सानी को॥

चौ० -

अत्रि कहा इक दिन आस बानी,
लगी प्यास प्रिय लाओ पानी।
पतिरूख जानि कमंडल लीन्हा,
जलहित सती तुरत चल दीन्हा।
फिरै विपिन बहू करै को लेखा,
नदी कुँआ तालाब न देखा॥

टेक०-

तब उसी समय अनुसूइया ने,
कुछ अपनी शक्ति दिखलाई।
पल भर मे पाताल फोर,
गंगा की धार निकल आई॥
भर लिया कमंडल को जल से,
आ ऋषि के सन्मुख पेश हुई।

और कहा की आज्ञा क्या आगे,
बतलाओ हो कुछ बात नई॥
कहा ऋषि हे प्रिये मेरी,
अब इच्छा हुई पूर है।
सती अनुसूइया जिनका नाम मसहूर है॥

चौ0 -

सुनि यह कथा इन्द्र दुख पावा,
कामदेव को तुरत बताबा।
आवा तुरत अत्रि मुनि भेषा,
सून भवन खल ऋषि बिन देखा।
सती कपट रूप पहिचानी,
कामदेव से बोलीं अस बानी।

टेक0-

बोलीं अनुसूइया ठहर दुष्ट मैं तुझको पति बनाती हूँ,
छल करने का ए दगाबाज अब तुझको मज़ा चखाती हूँ ।
सुनकर अनुसूइया की बानी झट नीच शरण मे आय गया,
चरणों मे सर को रख बोला सुत माता धोखा खाय गया॥
सती ने उस अपराधी पयकी कृपा न और विचार किया,
मृत से फिर जीवित करके,इतना उसका उपकार किया॥
क्षमा कर दिया उसका सारा कसूर है,
सती अनुसूइया जिनका नाम मसहूर है॥

चौ0 -

एक बार नारद मुनि ज्ञानी,

देव नगर मे जा हठ बानी।
नहि कोऊ तीन लोक अस नारी,
देव-दनुज नर किन्नर सारी।
सब देविन भई सोंच अपारा,
तुरत गई शिव-विष्णु दुआरा।

अनुसूइया की कथा सुनाई,
केहिं कारन हम तीनों आई।
तीनों देव विलम्ब न कीजौ ,
जाकर अवहिं परीक्षा लीजौ।
तब देवन मिली कीन्हों गवना,
पहुँचे तुरत अत्रि के भवना॥

टेक0-

अनुसूइया उसदम तीनों को, आसन देकर बैठाया है,
फिर कुशल-क्षेम कर बार बार, अपनी भी उन्हे सुनाया है।
बोले हैं विष्णु भूंख लगी, हो सके तो भोजन करवाओ,
है बात और इससे पहले, पर्दे से बाहर आ जाओ।

तो अनुसूइया अपनी राजी से, तीनों को भोजन करवाया,
छः माह का बालक बना लिया, पालने के ऊपर पौढाया।
सारा अभिमान त्रिदेवों का, किया मात ने चूर है,
सती अनुसूइया जिनका नाम मसहूर है॥

चौ0-

नारद चहुँ दिशि शोर मचाए,
तीनों देव परीक्षा पाए।
देविन ढिग मुनिवर पुनि गयउ,
सब व्रितान्त सुनावत भयउ॥
जेहिं बिधि जाय परीक्षा लीन्हा,
बालक तेहिं बिधि पुनिकर दीन्हा।

❧❧❧

नारद से सुनी ऐसी बानी,
चकित रमा उमा ब्रह्माणी।
पुनि पुनि संग गईं सब तहमा,
पतिन सहित अनुसूइया जहमा।
अनुसूइया के चरनन लागीं ,
पति हित बिनय क्षमा पुनि माँगीं ॥

टेक0-

नारद बोले सब देवों ने,
खाए भरपेट मिठाई हैं।
कुछ इन्हे जलेबी मिल जाए,
देवियाँ देखने आईं हैं।
तीनों अनुसूइया से बोलीं,
माता मेरा कल्याण करो,
भिक्षा पति की हमको देकर ,
ग़लती की क्षमा प्रदान करो।
कह एवमस्तु ऋषि पत्नी ,
फिर तीनों को आशीर्वाद दिया,

बालस्वरूप त्रिदेवो को फिर ,
साकार रूप प्रदान किया।
जिस क्षण देवियाँ देवसहित,
सब निजधाम सिधारे हैं,
तब उसी समय सब सुर नर मुनि,
बोले मुख से जयकारे हैं।
लखनलाल रचना अब किए यहीं पूर है,
सती अनुसूइया जिनका नाम मस हूर है॥

6. गजब हो गया

श्याम सुंदर सलोने साँवरिया का अब,
फिर से भारत मे आना गजब हो गया।
आके जमुना के तट पर मधुर तान से,
उनका मुरली बजाना गजब हो गया।

कोई कहते हैं घनश्याम आएँगे कब,
कष्ट मेरे वो आके हटाएँगे सब।
जो धनंजय के संग मे बने सारथी ,
उनका गीता सुनाना गजब हो गया।

जिसने ब्रज मे दही दूध खाते रहे,
लूट घर - घर वो निस दिन मचाते रहे,
अब दुबारा कहीं फिर से धोखे से भी,
उनका माखन चुराना गजब हो गया।

संग ग्वालों के गायें चराते हैं जो,
ब्रज मे लीला अनेकों दिखाते हैं जो।
ये जमाना कि जो छिप किधर को गया,
रास मण्डल बनाना गजब हो गया॥

व्याध गणिका अज़ामिल को तारा जिन्हों,
भार लाखों के सर से उतारा जिन्हों।
तो लखनलाल से क्या ख़ता है पड़ी,
उनको अपना बनाना गजब हो गया॥

7. आ जाओ श्री कृष्ण

आजाओ श्री कृष्ण मुरारी ॥टेक०॥
जन प्रहलाद कष्ट जब पायो,
खंभ फारि हरिणा कुश मारी ॥आजा०॥

गज और ग्राह लड़े जल भीतर,
ग्राह मारि गजलीन उबारी ॥आजा०॥
द्रुपद सुता की बीच सभा मे,
खूब बढ़ायो है तुम सारी ॥आजा०॥

राख्यो पैठ भक्त भीषम की,
भारत के रणभूमि मझारी ॥आजा०॥
गणिका गीध निषाद अजामिल,
तारे हो बहु खल अध हारी ॥आजा०॥

लखनलाल नहि जग मे ऐसो,
को तुम बिन मेरो हितकारी ॥आजा०॥

भाग - २

8. तारो नाथ

तारो नाथ शबरी अजामिल औ गीध ब्याध,
गणिका निषाद गज अधम उधारियो।
तरे संत सुर औ कबीर मीरा नाम लेके,
तुलसी को तारो रामायण मुखारियो।

❧❧❧

तारो बहु पापी औ अपापी जे दीन दुखी,
पल में सुदामा की बिगड़ी सुधारियो।
कहें लखनलाल खल तारो तुम बार-बार,
हम तब जाने प्रभु हमे जब तारियो।

9. बिगड़ी बनाई है

सुना मैंने मेरे सरकार कुछ तुम्हसि बड़ाई है,
अधम औ दीन दुखियों की वहाँ होती रिहाई है।
सुना है हमने करुणाकर कि तुम दीनों के प्रेमी हो,
विप्र सुदामा की तुमने कभी बिगड़ी बनाई है।

सभा कुरुराज के जब द्रोपती को नग्न करते थे,
न देरी की वहाँ आके तुरत चीर बढ़ाई है।
उधारा व्याध गणिका गीध को बन पतिपालक,
तो दयानिधि मुझमे क्यों कर बुराई है।

कहें लखनलाल अब तारो न तारो कुछ शोक नहीं ,
बचा लो लाज अपने नाम की हो न जग हंसाई है॥

10. दया के धाम हैं

"दया के धाम हैं वो मुझे न भुलायेगें ।
कभी घनश्याम मेरी बिगड़ी बनायेगें ॥"

शेर० -

एक द्विज नाम सुदामा के कहाने वाले,
मित्र घनश्याम से वो प्रेम बढ़ाने वाले,
विप्र की पत्नी निज पति से ऐसे फरमाया,
मित्र घनश्याम को तुमने कभी न दिखाया।

चौ०-

कह द्विज सुन प्रिय वचन हमारी,परम मित्र हैं कृष्ण मुरारी ।

हम संघी संदीपनि घर जाई,साथ-साथ सब विद्या पाई।
पढ़ि प्रभु गये आपने भवना, हमहूँ संग उनहीं के गवना।
तबसे हैं वो मित्र हमारे,हम पै रखते मोह बहु प्यारे ।

❧❧❧

द्विज पत्नी एक दिन बोलीं, सुनिये प्रियतम मेरी बानी,
मेरी बातों पर गौर करो, मत करिये अब आनी-कानी।
गर मित्र तुम्हारे मोहन हैं, क्यूँ सहते इतना कष्ट कड़ा,
जाकर उनसे ये बतलाओ, है को मुझसे कंगाल बड़ा।
सुनेंगे ये बात तो ओ देरी न लगायेंगे ॥कभी ०॥

❧❧❧

शेर० -

कहा द्विज पत्नी से जो तुम मुझे पठाती हो,
भेंट उनके लिये तुम क्यों नहीं ले आती हो।
उनके घर में न था उस वक्त एक पैसा पाई,
पाव भर तन्दुल सत्यभामा जाइ मांग कर लाई।

चौ०-

चले बिप्र नहिं कियो अवारी,मन में सुमिरि श्याम गिरधारी।
चले जात हरिकथा बखानत,सुफल जन्म आपन पुनिमानत।
पहुँचे बिप्र द्वारिका धामा,जँह रुकमिणी सहित घनश्यामा।
पुनि प्रभु के द्वारे द्विज आयो,द्वारपाल तँह देखन पायो।

❧❧❧

ब०त० -

सुदामा जी बोले ऐ चाकर सुनो,
जाके घनश्याम से ये सुनाओ जरा।
है भिखारी दुआरे पर आके खड़ा,
क्या हुकुम है मुझे आ बताओ जरा।
सुन बचन बिप्र की उसने फौरन कहा,
भागजा-भागजा भागजा-भागजा ।
हन के मारू तमाचा तेरे थूथरे,
तू पहुँच जायगा मौत के घाट जा ।।
तो द्विज ने कहा कि हम ऐसे न जायेंगे ।।कभी०।।

चौ०-

फिर द्विज यह आवाज लगाई,
हे राधिका रक्षन यदुनाई।

हरि जब सुनी बिप्र कै बानी,
आयो वहाँ बिनु सांरग जस पानी।
बिप्र बुलाय महल लै गयऊ,
कुशल प्रश्न कर आसन धरऊ।
हरि बोले क्यों यहाँ न आये,
भैया तुम बहु कष्ट उठाये।

ब०त ० -

बुला रुकमिणी के सहित श्याम जी ,
हो मगन चरणों को धोने लगे।
लखि बेवाई औ पैरों की वो दुर्दसा,
दया सिन्धु उस वक्त रोने लगे।
धोके पदकंज स्वच्छ आसन दिया,
वस्त्र भूषण से उनका साजन किया।
दबाते चरण रुकमिणी के सहित,
करुणादित नम्र निवेदन किया।

चौ०-

कहहु मित्र का हमका लाये,
भावज ने का भेंट पठाये।
बिप्र सकुचि कछु बात न कीन्हो,
हरि लखि पुटकी फौरन लीन्हों।
प्रभु दुइ फांक तन्दुल कै लीन्हा,
तबहिं रुकमिणी कर धरि लीन्हा।
कछुक काल द्विज वहाँ बिताये,
पुनि प्रभु से अस विनय सुनाये।
अब मैं भी तो अपने कुटिया में जाएंगे ।।कभी०।।

टेक0 -

फिर स्वागत सहित सुदामा को,
श्री कृष्ण चन्द्र ने विदा किया
सोचते यही मन में जाते,
प्रभु ने कछु हमको नहीं दिया।
पर इससे पहले कृष्ण चन्द्र ने,
एक अनोखा काम किया॥
बिसकर्मा ने द्विज की नगरी,
गढ़ि द्वारिका धाम दिया।
जब द्विज आपन नगरी देखा,
नाना हैं गज करै को लेखा॥

❧❧❧❧

ब्राह्मण देख अचम्भो मानो,
प्रभु की कृपा भयो फिर जानो।
मिली न जिनको भरि के रोटी,
तिनकी कंचन की है कोठी ।
इन्द्र कुबेर देख सरमाहीं,
और कोउ केहि लेखे माहीं॥

❧❧❧❧

देखो घनश्याम दुखी-दीन पै,
कर कृपा उसकी बिगड़ी बनाई है,
भर दिया कोष निधिराज किया,

जिनके घर कौड़ी न पाई है।
हे दयालु करि कृपादृष्टि,
विनय दास स्वीकार करें ,
भवसिंधु से नाव मेरी प्रभो,
कर कृपा पार उपकार करें।
श्याम, लखनलाल को न हरगिज भुलायेंगे,
कभी घनश्याम मेरी बिगड़ी बनायेगें॥कभी०॥

11. द्रौपदी उघारी जा रही

आज हे घनश्याम मेरी लाज सारी जा रही,
हे प्रभू बिन आपके द्रौपदी उघारी जा रही।
हैं यहां पति पांच औ भीषम करण गुरु भूप कृप,
पै हमारी टेर अब तुम तक मुरारी जा रही ॥१॥

खींचता साड़ी दुशासन व्यंग कुरुपति कह रहा,
क्यों हमारी दुर्दशा तुमसे निहारी जा रही।
आये तुरत साड़ी बढ़ा द्रौपदी की राखी लाज है,
सब भूप चाकृत हो गये, द्रौपदी निहारी जा रही ॥२॥

ऐ भक्त की बिपदा हरण लाखो उबारे आपने,
कहते लखनलाल करूणेश अब मेरी भी बारी आ रही।
आज हे घनश्याम ॥३॥

12. कैसा खेल दिखाये

"श्याम सलोने कृष्ण कन्हैया,
कैसा खेल दिखाये ।
कि ब्रज में नटनागर बनि आये ।।"

ग्वाल-बाल सब संग बुलाकर,
सूने घर घुसते थे जाकर
सिकहर से मटकी को लाकर,
चोर-चोर कर माखन खाये ।।कि ब्रज में०।।

❧❧❧

ल चलत में इत-उत मटकै,
चीर चुरा सखियों की सटकै,
कदम के ऊपर जाकर लटकै,
आकर के वो यमुना तट पै,
बन्शी मधुर बजाये ।।कि ब्रज में०।।

❧❧❧

गैल चलत करते थे गैर,
कंकड़िया गागर में डारे,
नजर तीर से करते वारे,
जुल्फें सर के कारे - कारे,
मोहन रूप बनाये ।।कि ब्रज में०।।

कंस असुर जिसने संहारा,
पृथ्वी का सब भार उतारा,
लाखों अधम पातकी तारा,
लखनलाल क्या नहीं तुम्हारा,
क्यों कर मुझे भुलाये॥कि ब्रज में०॥

13. खबरिया श्याम लेत

दुष्ट दुःशासन बीच सभा में पकड़े चीर हमारी,
हमे उघार करन पर राजी कुरूपति अत्याचारी।
सकुनी करन भिन्न- भिन्न करते हैं मसखरिया ॥खब०॥

❦❦❦❦

महाबीर पति पांच हमारे बैठे है मन मारे,
कोटिन भूप सभा के अन्दर कोउ न धर्म बिचारे।
नीची नजर किये हैं भीष्म द्रोण धनुधरिया ॥खब०॥

❦❦❦❦

जल के अन्दर ग्राह मारिके गज की बिपदा टारी,
भक्त हेतु नरसिंह रूप धरि हिरना कुश को मारी।
लीन्हों बचा दास को कीन्हों नहीं अवरिया ॥खब०॥

❦❦❦❦

इन्द्र कोप जब ब्रज पै कीन्हो झुकी प्रलय अंधियारी ,
व्याकुल लोग कहें चिल्लाके आओ गिरिवरधारी।
जन की कष्ट मिटायो नख पै धरो पहरिया ॥खब०॥

❦❦❦❦

दीन बचन सुनि दया सिन्धु की देर न फौरन आये,
बीच सभा में द्रुपद सुता की जाती लाज बचाये।
जो है दया धाम औ भक्तों के भयहरिया ॥खब०॥

विप्र सुदामा की पल भर में बिगड़ी जिन्हों सुधारी
व्याघ गीध गणिका गज सबरी दीन अजामिल तारी।
करिहैं लखनलाल पै कबहूँ कृपा नजरिया ॥खब०॥

14. मारा नजर का तीर

श्याम ने बन्शी बजा मुझको किया बे पीर है।
करके मस्ताना मुझे मारा नजर का तीर है॥
सांवली सूरत कटारी बन मेरे दिल में गड़ो ।
काली-काली जुल्फियां भी बन गई समसीर है ॥१॥

मुझसे करके प्रेम औ मथुरा में जा कर के बसे,
चैन है मुझको अब नहीं दिल में न आता धीर है।
तन की सुधि मुझको नहीं मैं कौन कैसी हो गई,
नैन बादल बन के दोऊ भर के वर्षा नीर है॥२॥

लखनलाल ब्रज की गोपियां आपस में सब ऐसे कहें,
धनश्याम ने मेरा सखी दीन्हा कलेजा चीर है॥३॥

15. पुकारे जिसे लोग

"दया की नजर होवे मुझपे तुम्हारी
पुकारें जिसे लोग मोहन मुरारी ॥"

शेर०-

भक्त प्रह्लाद पै जब कष्ट पड़ो भारी है,
नाम धनश्याम का गाने लगा दुखारी है।
नाथ निज दास के सन्मुख हुये मुरारी हैं,
कहा तुम डरो नहीं दुष्ट की तैयारी है।
बचाय भक्त दैत्य को चीर डारी है ॥पुकारें०॥

ग्राह ने जब भक्त को ले गयो मझधारा है,
नाम गजराज ने दिल से लिया तुम्हारा है।
जल में जाय औ कैसा अनोखा काम किया,
मारिके ग्राह को गजराज को अपना ही लिया,
जो होते हैं दीनों के दुख में दुखारी हैं ॥पुकारें०॥

सभा कुरुराज के जब द्रोपती पुकारी,
बचाओ लाज मेरी द्वारिका बिहारी।
तुम्हें धनश्याम मेरी लाज बचाना होगा,

आकर भीर में प्रभु चीर बढ़ाना होगा।
पहुँच कर सभा में बढ़ा दीन्हीं सारी ॥पुकारें०॥

अधम गज गीघ औ गणिका जो तुमने तारा है,
उन्होंने मुझसे बताये सुयस तुम्हारा है।
बीच भव सिन्धु से कीजै मुझे किनारा है,
मैं भी देखें उसे कैसा हुनर तुम्हारा है ।
लखनलाल चरणों की रज है तुम्हारी,
पुकारें जिसे लोग मोहन मुरारी॥

16. घनश्याम जब आने लगे

"देवकी के गर्भ में घनश्याम जब आने लगे,
दैत्य सब घबरा गये और देव मुस्काने लगे।।"

शेर०-

कंस पापी के शीश काल आके मड़राया,
बसुदेव देवकी को कैद उसने करवाया।
आके घनश्याम दर्श मातु पितु को दिखलाया,
लेके गोकुल चलें बस इतना उनसे फरमाया।
चलते समय पितु मात को घनश्याम समझाने
लगे।।देवकी०।।

❦❦❦❦

खुल गई बेड़ी हंथकड़ी और ब्रजके किवाड़ हैं,
सो गये सब नींद से हो मस्त पहरुदार हैं।
मातु को समझा के प्रभु धर लिए शिशुरूप है,
चल दिये बसुदेव गोकुल धरके सर पे सूप है
बादल सब घिर के नभ नीर बरसाने लगे।।देवकी०।।

❦❦❦❦

चले जब बसुदेव गोकुल को न कोई साथ है

अष्टमी भादौं की काली दो बजे की रात है।
चलते प्रभु के चरण को यमुना ने टेका आनकर
पहुँचा दिए बसुदेव उनको नन्द के स्थान पर
देवियां औ देव मंगल गान सब गाने लगे॥देवकी०॥

रह के घर प्रभु नन्द के फिर खेल दिखलाने लगे,
लखनलाल सुर नाग नर प्रभु को देख हर्षाने लगे ।
कैद पितु मात की प्रभु ने कठिन छुड़ा दीन्हा,
कंस से दुष्ट लाखों का नाम जग से मिटा दीन्हा ।
व्याध को सुभगति दियो जब धाम प्रभु जाने लगे॥देवकी०॥

17. द्रौपदी चीर चित्रण

सुंदर सुरंग सर्ज बैगनी हरेरी पीरी,
ढेरी बहुतेरी कछु गनिबे न आयो है।
स्वर्ण और श्वेत रंग नील रंग धार बनी,
प्रेम रंग श्याम रंग घटा बन छायो है।
डारत मयंक भौम कान्ति अनादि अंत,
तारन के कतार लागि सुदृश्य बनायो है।

बैठि धुरंधर भूधर भ्रमित सभी,
चौंकि चकित जिमी चच्छु अंधरायो है।
विकल सकल गण शिष्ठ विशिष्ट सब,
द्रोण कृपा कछु समझ न पायो है।
कारक काल विकराल स्वरुप धरि,
स्वयं अनिल निज कोप दिखायो है।
कम्पित धरा शैल शिरोमणि हिमालय भी,
कुपित जलद जस जग धमकायो है।

चौ०-
मन से दसगुन वेग गरुड़ का,
दिव्य सुदर्शन उद्वेग प्रभु का।
कानन पड़त भगिनी कै त्रासा,
करि ना सके प्रभु कछु बिसवासा।

तजि निज अस्त्र-शस्त्र सब लोका,
धाए स्वयं अनसुनि सब टोका।

विस्मित तीन लोक कै देवीं,
रम्य चीर अस कबहुँ न देखीं।

कुरूपति भूप ते मिटा विवेका,
सुर नर मुनि सब कहहिं को लेखा।
उमा रमा वाणी सब माना,
आतुर नयन देखि परिधाना।

करबद्ध विनीत मन अकुलाना,
जतन करैं बहु विधि सब नाना।
रामलखन हो परम अनुयायी,
हर्षित लिखत करत प्रभुताई।
द्रुपद सुता का मुख हरषाना,
अंतर्ध्यान भयउ भगवाना।

दोहा०-

"जग वनिता कलरव करैं लिए हृदय की टीस,
स्पर्श मात्र परिधान का कृपा करैं जगदीश।"